APPEL

AU

PEUPLE FRANÇAIS,

EN FAVEUR DE

LA CAUSE DE LA LIBERTÉ DE L'ESPAGNE.

APPEL

AU

PEUPLE FRANÇAIS,

EN FAVEUR DE

LA CAUSE DE LA LIBERTÉ DE L'ESPAGNE,

PAR

Un Espagnol Constitutionnel.

PARIS,

IMPRIMERIE DE SELLIGUE,

RUE DES JEUNEURS, N. 14.

—

1830.

APPEL

AU

PEUPLE FRANÇAIS,

EN FAVEUR DE

LA CAUSE DE LA LIBERTÉ DE L'ESPAGNE.

Un grand crime a été commis par le gouvernement français en 1823, un crime tel, que les pages de l'histoire, si pleines d'attentats de tout genre, en offrent peu qui puissent lui être comparés ; un crime dont le pays qui en fut la victime, est encore en ce moment à ressentir les terribles effets. On ne saurait dire que la France en a été complice, puisque ce fut contre elle, pour son asservissement, qu'il fut commis au profit du despotisme d'une dynastie odieuse et anti-nationale et de l'aristocratie européenne. Mais toujours est-il vrai que c'était le gouvernement pour lors représentant la France, qui l'a conçu, ordonné dirigé, malheureusement avec un succès bien réel, bien complet, et que ça été par des armées françaises qu'il en est venu à bout. La France elle-même a été pour un moment ébranlée par suite de l'attentat de son gouvernement; elle a perdu sa confiance en ses propres forces, et de là les funestes élections de 1824, et le découragement moral, qui en fut à la fois et la cause et le résultat, et l'audace des privilégiés, et les dangers du pays, et pour compensation l'heureuse nécessité d'une révolution nouvelle. Elle est terminée cette révolution d'une manière aussi glorieuse que subite, et la France rendue à elle-même a choisi un gouvernement représentant ses intérêts et ceux de la liberté générale, qui sont les mêmes. Elle est terminée pour la France, mais elle commence pour le reste de l'Europe, pour tout le monde civilisé. Elle est terminée pour la France quant à son régime intérieur, mais nullement quant à sa politique extérieure. Nous en sommes à l'aurore d'un nouveau jour qui doit éclairer bien des événemens d'une haute importance, faire éclore des germes de vie, créer une diplomatie jeune, vigoureuse, populaire, la mère d'un système politique, qui deviendra à son tour son plus ferme appui. C'est à la France nouvelle qu'appartient l'initiative de cet ordre des choses. Placée par sa position au centre, et par sa civilisation à la tête du continent européen, accoutumée, surtout depuis sa révolution de 1789, à y exercer une influence morale toute puissante et une influence politique, dont les événemens de 1814 et 1815 ont seulement suspendu les effets, elle est appellée à son poste par la voix des nations, et elle ne s'y refusera pas. C'est la voix de l'Espagne qui principalement se fait entendre, et qu'on pardonne à la témérité de l'auteur de ces pages s'il ose s'en rendre l'organe débile, mais sincère.

Le cri de l'Espagne se fait entendre. Malheureusement le gouvernement français sous les Bourbons, nul, déconsidéré en Europe, a exercé sur l'Espagne une influence que les autres gouvernemens ont tolérée, bien entendu qu'il ne l'exercerait que dans leurs intérêts communs et non dans ceux de la nation française. La France est libre, et l'Espagne est esclave, et c'est un gouvernement français qui l'a réduite à l'esclavage. La France est libre, et l'Espagne est esclave, mais il y a des Espagnols qui se préparent à lui rendre la liberté; et le gouvernement français, non celui des Bourbons, mais celui du Roi-citoyen élu du peuple, le gouvernement, né des événemens de juillet, devant représenter les intérêts de la France et de la liberté, protecteur-

né des Peuples, par sa nature, ennemi des vieil-
les tyrannies; ce gouvernement y met des en-
traves: il disperse les rassemblemens des Espagnols
sur la frontière, il les fait chasser comme des bê-
tes fauves, il saisit leurs armes, même leurs ha-
bits, et tout cela pour respecter des principes
illusoires de non intervention dans l'intérêt des
ennemis de la France !

C'est de tels actes que l'écrivain de ces pages
se permet d'appeller au peuple français. Peut-être le
taxera-t-on de présomption, mais peu lui importe :
il fait son devoir, et sert à la fois et sa patrie et
la nation qui l'a accueilli, et à laquelle il s'a-
dresse, et les intérêts de tous les peuples. Il ne se
mêle pas des affaires des autres, mais il croit
qu'il lui est permis de plaider sa cause. Comme
homme, comme proscrit, dont le crime est d'a-
voir voulu pour sa patrie ce que les Français ont
à présent établi en France, il est poussé à tout
faire pour rentrer dans ces droits et au sein de
son pays : comme citoyen, intéressé au sort de
cette patrie qu'il adore, il ne doit rien omettre,
qui puisse concourir à en assurer, à en hâter le
bonheur. Il ne cherche pas à exciter du mécon-
tentement chez le peuple français contre son gouvernement, à semer la division et la défiance en
France, ce serait trop absurde à lui, et s'il le fai-

sait, il recevrait bientôt la punition de son arrogance dans le mépris public. Mais il sait que le gouvernement du jour est celui de l'opinion, et il s'adresse à cette opinion même, il lui demande justice pour un fait qui lui est pour ainsi dire personnel; il veut éclairer cette opinion sur des sujets qu'elle connaît peu, afin qu'elle agisse sur un gouvernement docile à la suivre. Il ne se dissimule pas que ses moyens sont faibles, son talent bien au dessous des circonstances, surtout quand il se voit forcé de s'exprimer dans une langue étrangère, qu'élevé au sein d'un pays peu éclairé, et qui, passant pour l'être moins qu'il ne l'est, est couvert d'une certaine défaveur dans l'opinion publique, il s'adresse à une nation qui jouit et s'enorgueillit d'une civilisation très-avancée; il sait que nulle tâche n'est plus ingrate que celle de blâmer les actes d'un pays qui nous accorde l'hospitalité, et dont l'esprit national s'alarme à l'idée d'un étranger lui faisant des reproches, qui peuvent devenir d'autant plus vifs qu'ils sont plus fondés.

Eh bien! tout ceci ne le décourage pas; il voit aussi des chances qui lui sont favorables : la justice de sa cause, qui compense l'insuffisance de ses moyens, la sympathie de la nation française pour ses principes et ses malheurs, l'ardeur généreuse du peuple à répandre au dehors les bienfaits dont il jouit, le désir bien moral de réparer les maux qu'on a faits à l'Espagne, et cette indulgence de courtoisie qui a toujours distingué les Français, dont les étrangers qui visitent la France ont eu constamment à se louer, et qui dans les circonstances présentes ne devra certainement pas se démentir.

Pour plaider sa cause, l'auteur sera obligé de conter ce qui est connu, au risque d'être ennuyeux. Mais, hélas! puisqu'il y a des gens qui oublient ces faits, tout récens qu'ils sont, il faut bien qu'il y en ait qui les rappellent à leur mémoire.

En 1814, l'Espagne, à la suite d'une insurrection, avait assuré son indépendance; elle sortait d'une révolution qu'on a peu connue, puisqu'on l'a représentée comme une guerre des moines et de l'aristocratie, contre les idées libérales. Il y avait eu de tout dans cette révolution, parce qu'il s'en fait peu qui ne soient le résultat d'une coalition dans laquelle divers intérêts sont d'accord sur un point, quoiqu'ils diffèrent sur tous les autres. Ce point, en Espagne, en 1808, c'était l'indépendance nationale: tous la voulaient, les uns pour conserver ce qui existait, les autres comme une base pour un système de liberté. Ces derniers avaient réussi, ils avaient donné à l'Espagne une constitution assez démocratique, calquée sur celle de 1791 et sur les anciennes lois du pays. Ils avaient aboli l'inquisition, diminué les moines, supprimé les droits féodaux ; ils en voulaient à la dîme, ils en étaient en un mot à 1789. Ferdinand est revenu, et la restauration a eu lieu en France ; le parti libéral était faible en Espagne, pas trop faible, puisqu'il avait pu saisir le pouvoir, mais pas assez fort pour résister au mouvement du jour, qui était dans le sens du rétablissement des vieux systèmes. Celui qu'on avait tenté d'établir en Espagne s'écroula ; mais l'absurde despotisme qu'on mit à sa place ne pouvait se soutenir. Depuis 1814 à 1820, les conspirations ont été fréquentes, elles devenaient de plus en plus hardies ; les supplices n'étaient pas épargnés, et cependant le gouvernement faiblissait ; la dernière conspiration qui le renversa a été faite à haute voix, et quoique opérée par des militaires, la nation en fut complice, puisqu'elle s'y prêta sans résistance. Les seuls coups de fusil qu'on a tirés alors sur les patriotes n'ont pas été tirés par le peuple, mais par une partie de l'armée.

Malgré l'influence si vantée des prêtres, le peuple espagnol a vécu sous la constitution depuis 1820 jusqu'à 1822. Il y avait bien des projets d'insurrection, mais ils étaient déjoués. Et comment n'y en aurait-il pas eu, puisqu'un roi conspirateur, avec une bonne liste civile, était à la tête du gouvernement, et toutes les puissances étrangères le favorisaient de leurs ressources et de leur influence? On doit bien s'étonner qu'il ait subsisté, ce gouvernement constitutionnel que l'Europe ne considérait que comme provisoire !.

En 1822, la France eut le ministère Villèle, et l'insurrection commença en Espagne. Mais où? Sur la frontière, appuyée par une armée qu'on appela cordon sanitaire. On dit que les prêtres ont fomenté cette insurrection et que le peuple s'y est prêté. Oui, sans doute, nous ne nions pas qu'il y ait eu des prêtres mécontens et un peuple fanatisé en Espagne, mais n'y en avait-il pas dans l'intérieur? De toutes les provinces de l'Espagne, c'était en Galice que l'influence des prêtres se faisait plus sentir, et cependant il n'y a eu que des petites émeutes bientôt supprimées, point de grandes insurrections, point de guerre civile. En Andalousie, le partisan Zaldivar n'a jamais pu réunir au-delà de cent à deux cents hommes, avec lesquels il a fait la guerre en voleur. Et en Catalogne même, l'armée de la foi n'était-elle pas composée en partie de contrebandiers, de brigands que l'amour du pillage bien plus que le fanatisme appelait dans les rangs? D'ailleurs, faut-il prouver que la guerre civile en Espagne a été fomentée par le gouvernement français, puisque M. de Villèle lui-même s'en est vanté?

Mais ces moyens, tout puissans qu'on les ait crus, n'ont pas été suffisans. Il a donc fallu envahir l'Espagne pour y établir le despotisme. On l'a envahie avec quatre-vingt mille hommes, force peu considérable, il est vrai, pour soumettre une nation unie et courageuse, mais assez considérable pour un peuple divisé, surtout quand elle était soutenue par l'influence de tous les gouvernemens.

On a blâmé le gouvernement et les Cortès d'Espagne de ne pas s'être prêtés à des mesures de conciliation (1). Eh! quelle conciliation pouvait-il y avoir? Voulait-on autre chose qu'établir le des-

---

(1) Pour juger cette question il faudrait lire : 1° le *rapport* du comité diplomatique des cortès lu à Séville le 22 mai 1823 et la discussion qui eut lieu sur cette pièce les 24, 25 et 26 du même mois; 2° l'article du n. 2 de la *Revue trimestrielle* de Paris (avril 1828), qui traite des affaires d'Espagne ; et 3° l'ouvrage anonyme : « *Notes sur les événemens qui ont produit l'insurrection de l'Amérique du Sud* », où cette question est traitée avec une force de raisonnement fondé sur les pièces officielles qui laisse peu ou rien à désirer.

potisme? Et quand il fallait tout perdre, devait-on céder sans tenter la résistance? Le principe du gouvernement français n'était pas de traiter avec des législateurs et des ministres qu'il regardait comme des rebelles, c'était de rendre au roi le pouvoir absolu, afin qu'il fît, s'il le voulait, des concessions à son peuple. Or, ce n'était pas là une question d'école, pour savoir d'où émane le pouvoir. Ferdinand n'était pas une abstraction, mais bien un homme dont le caractère était connu et rendu au pouvoir, on devinait l'usage qu'il en ferait. Voilà les intentions des Cortès en résistant, voilà même les argumens dont leurs orateurs se sont servis; mais on n'y a pas fait attention, on a préféré de les juger d'après ce que disaient leurs ennemis, sans prendre la peine de lire leurs discours et d'examiner leurs actes.

Malheureusement on les a jugés de même en Espagne; l'intrigue a divisé le parti constitutionnel. L'Angleterre s'y est prêtée, et a agi avec d'autant plus de succès qu'on la croyait intéressée à empêcher le succès des armées françaises; mais pour cette fois, elle le voulait, n'y voyant pas un succès national, mais une victoire de la dynastie et de l'aristocratie, qui était commune à tous les cabinets.

Ce n'est pas le fanatisme qui a agi sur les Espagnols qui ont mis bas les armes ; ils croyaient à l'octroi d'une constitution ; ils croyaient la résistance impossible. Cette croyance augmentait les désertions, et les désertions à leur tour prouvaient qu'elle était fondée.

C'est ainsi que les armées françaises ont triomphé presque sans résistance. Et quel triomphe !

La France connaît ; elle a jugé le système qui a été établi en Espagne, elle a vu avec honte et douleur ses braves militaires vaincre sans péril et triompher sans gloire ; elle les a vus convertis en sbires d'un despotisme aussi atroce que ridicule, en garnison à Madrid, tandis qu'on assassinait *Riego* ; elle les a vus courir sus aux constitutionnels à Tarifa, et, l'arme au bras, stoïques contemplateurs de l'insurrection servile de la Catalogne, elle les a vus protéger l'anarchie sous le nom de gouvernement absolu, et n'abandonnant le malheureux pays qu'ils avaient asservi qu'après y avoir bien affermi le despotisme et dissous les élémens du parti constitutionnel ; elle les a vus quitter l'Espagne, mais prêts à y rentrer si le peuple espagnol osait vouloir être gouverné par la raison et la justice, l'ordre et la liberté.

Elle a vu le gouvernement français exploiter sa victoire en faussant les élections, en faisant passer des lois iniques.

Elle a vu l'Europe rétrograder, et, chose étrange! le découragement parvenir à un tel point, que le gouvernement anglais était devenu le plus libéral de l'Europe, et *Canning*, malgré son torysme, auquel il n'a jamais tout-à-fait renoncé, devenir l'idole et l'espérance des amis du gouvernement populaire.

Elle s'est vue dans le cas d'applaudir comme un ministère libéral, celui à la tête duquel figuraient, et l'homme qui a accompagné le duc d'Angoulême dans sa désastreuse expédition, et celui dont Charles X, dit-on, a fait choix pour le mettre à la tête de son gouvernement imaginaire.

Elle a été forcée de louer une simple ordonnance militaire, non respectée par ceux-là même dont le prince, signataire du décret, était l'allié, ni fait respecter par ce même prince, alors tout puissant, le décret d'Andujar, comme un acte de haute sagesse et d'une politique libérale, propre à calmer les maux que l'invasion avait causés à l'Espagne.

Elle a vu la bonne foi de la France compromise

à la face de l'Europe et des capitulations faites par des généraux français entièrement méconnues, quoique souvent réclamées.

Elle a vu tout cela, mais elle en a tiré une vengeance bien éclatante.

Mais que voit-elle à présent? Eh! que devrait-elle y voir?

La révolution de juillet, faut-il le dire, n'a été qu'une scène de la grande révolution européenne, commencée en 1789, sur le sol français, mais se représentant aujourd'hui sur l'Europe et l'Amérique, drame d'un intérêt universel, qui peut-être touche à sa fin, mais qui ne saurait se terminer que par une grande catastrophe.

C'est ainsi qu'elle doit-être envisagée. Et qu'on ne parle pas de non intervention; l'exemple est là, et il est une intervention bien puissante, bien vraie. Tandis qu'on s'épuise en protestations, en phrases bien sonores, bien travaillées, la Belgique s'ébranle, l'Allemagne s'agite, le canon tonne, le sang coule, les vieux et les nouveaux intérêts sont en présence: ils ne s'attaquent pas, mais ils s'observent, ils se mesurent des yeux, ils se cherchent mutuellement une partie faible pour y porter des coups sûrs. C'est en vain qu'on échange des complimens, des notes diplomatiques, des reconnaissances ; moyens usés que tout cela ! La guerre contre la France n'a commencé qu'en 1792, quoique sa révolution datât de 1789. La guerre contre l'Espagne n'a été faite qu'en 1823, quoique sa révolution datât de 1820. On dit la guerre, mais on devrait dire les hostilités, parceque la guerre existait depuis que la révolution a éclaté ; elle existe à présent même, et tous ces ambassadeurs qui viennent présenter des crédentielles, ne sont que des espions dans le camp ennemi. Il n'y a plus que deux nations parmi les peuples civilisés, celle qui veut le gouvernement représentatif, et celle qui soutient le despotisme ; gloire, intérêts, dangers, tout est commun aux citoyens de l'une et l'autre, n'importe qu'ils s'appellent Grecs, Français, Espagnols, Anglais même, mais entre les deux il existe une inimitié irréconciliable, Les aveux de Vérone en font foi, mais ils n'étaient pas nécessaires.

Les émigrés espagnols ont bien compris leur position : aussitôt qu'ils ont vu la France libre, ils s'y sont lancés. Ils avaient, en Angleterre de quoi vivre ; le gouvernement pourvoyait à la subsistance de la plupart, même de leurs familles, des souscriptions nombreuses du peuple anglais, auxquelles gens de tous les partis, même ceux qui n'approuvaient pas leurs principes, avaient concouru, servaient à soutenir les autres. Cependant ils quittent tout et ils ne croient pas être imprudens. Ils ne se demandent pas quelles sont les opinions du gouvernement français. Ils voient, dans la victoire du peuple leur propre victoire ; dans chaque Français libre un frère ; dans la France régénérée la route de leur pays. Ils s'y élancent, ils sont bientôt sur la frontière : qu'y trouvent-ils ?

De la part du peuple français l'accueil auquel ils s'attendaient ; on les embrasse, on marche avec eux, on parle de la régénération d'Espagne comme une suite de celle de la France, tous s'entendent, tous sont d'accords.

Mais quelle est la conduite du gouvernement français ? Il est pénible d'en parler.

Dans le commencement à peine s'en occupe-t-il, quoiqu'il leur doive des égards, puisque, héritier de son devancier, il lui appartient d'en réparer les fautes.

Puis il donne ordre de les disperser, cédant à des réclamations, non du gouvernement espagnol qui n'a pas encore reconnu (1) le roi des Français, mais d'autres gouvernemens qui ne devraient pas s'en occuper. Ainsi, il s'attire les reproches des patriotes ; tandis que sa complaisance tourne au profit des acclamateurs qui s'en font un mérite à Madrid.

Il craint même de leur accorder des secours pour subsister : le duc de Wellington a pu bien le faire ; mais un gouvernement libéral serait suspecté s'il l'imitait.

Ainsi, il les pousse à une entreprise hasardeuse avant le temps. Elle a cependant commencé sous d'heureux auspices ; puisse-t-elle réussir comme nous en avons l'espérance ! Puisse la France, mieux éclairée sur ses véritables intérêts, y concourir, pour rendre le triomphe plus prompt, plus complet ! (2)

Ferdinand connaît mieux ses intérêts, tout imbécille qu'il est. Le voilà prodiguant des récom-

(1) Depuis qu'on a écrit ceci le gouvernement de Madrid a reconnu Louis Philippe ; mais cela ne change rien à la thèse, puisque la dispersion des réfugiés a eu lieu avant cette reconnaissance.

(2) Elle a mal terminé cette entreprise. A qui l'avantage ? Non, certes, à la France, malgré ses efforts pour la faire échouer.

penses au ci-devant ambassadeur de Charles X, chargeant du gouvernement des provinces limi- trophes deux vieux émigrés français. Après cela, il peut bien faire des complimens qui d'ailleurs, lui vaudront des services réels, mais il commence par où l'on doit commencer, par se rendre fort.

La France sera-t-elle assez aveugle pour ne pas l'imiter?

Elle veut, dira-t-on, donner un exemple de bonne foi, de loyauté; comment? contre ses amis en faveur, de ses ennemis! Et que dirait-on d'un général d'armée qui, par loyauté, ne saisirait pas les avantages que l'ennemi lui offre et se ferait un scrupule de le surprendre?

Et qui doute que les gouvernemens despotiques ne soient les ennemis de la France?

Ce n'est qu'en les intimidant que la France se fera respecter. Ce n'est qu'en les terrassant qu'elle assurera sa tranquillité et son bonheur pour l'a- venir.

Mais, nous dira-t-on, la France n'a rien à crain- dre; elle est assez forte, et malheur à ceux qui en douteraient et voudraient mettre sa force à l'é- preuve? Eh! quand même elle triompherait, et on n'en doute pas, si elle était attaquée, ne vaut-il pas mieux de triompher à moins de frais, de choisir le moment de l'attaque?

D'ailleurs, est-ce qu'on propose que la France fasse la guerre? Point du tout. Qu'elle ne la fasse pas à ses amis, qu'elle les protége; voilà tout ce qu'on lui demande.

Ici, comme presque toujours, la justice et la politique sont d'accord. En attaquant l'Espagne sans provocation la France serait coupable d'une violation du droit des gens. Mais en protégeant les constitutionnels, elle ne ferait que ce que l'Espagne fait elle-même à l'égard des royalistes. D'ailleurs, la France pourrait dire à Ferdinand : Ces hommes que je secours ont été privés de leur patrie par un gouvernement français, à la fois leur ennemi et le nôtre, nous ne les aidons pas, nous ne faisons que leur laisser la liberté d'agir, si vous êtes, comme vous le dites, fort de l'amour de votre peuple, qu'avez-vous à craindre?

Mais aux autres gouvernemens européens la France pourrait faire une réponse bien plus victorieuse.

Quand vous me montrerez, leur dirait-elle, une seule de vos réclamations contre la protection accordée aux armées de la Foi, en 1822; alors, vos réclamations pourront être accueillies. Nouveaux défenseurs du droit des gens! nous pouvons bien vous rappeler des documens officiels dans lesquels vous parliez de cette protection avec éloges, et souteniez que le gouvernement espagnol n'avait nul droit de s'en plaindre. Partisans zélés et sincères de la non-intervention! vous disiez alors que ces hommes de la Foi n'étaient pas employés par notre gouvernement, et qu'ainsi il n'existait point de liaison entre eux. Mais aujourd'hui nous sommes liés aux réfugiés espagnols, non que nous leur accordions des secours pour renverser le gouvernement de leur pays, mais parce que nous leur devons une réparation des maux qu'ils souffrent et qu'un gouvernemeut français, à votre instigation, leur a infligés. Hommes justes! vous avez bien dit qu'un gouvernement, comme celui qui aujourd'hui régit la France, ne saurait exister sans danger pour les autres peuples, et vous conviendrez qu'il faudra bien que nous nous protégions nous-mêmes et nos amis comme vous protégiez les vôtres, d'autant plus que votre forme de gouvernement si douce et si ravissante, selon votre opinion, pourrait inviter à une imitation qui pour nous serait funeste. Et que craignez-vous, hommes droits et courageux? Est-ce que l'exemple de notre anarchie et une poignée de brigands et factieux pourraient ou corrompre ou asservir ou même troubler un peuple qui vit heureux sous le gouvernement paternel de son roi? Laissez-nous donc tranquilles: nous vous promettons de ne pas suivre l'exemple que nous a laissé Louis XVIII, de ne pas envoyer nos armées en Espagne pour y établir par force notre système de gouvernement; mais aussi, si ces malheureux réfugiés étaient appelés par les vœux de leurs compatriotes, si la nation espagnole voulaitêtre libre, nous n'interviendrons pas, mais nous les protégeons et nousvous empêcherons bien d'intervenir. En les laissanten présence, nous les mettons à l'épreuve; ce n'est qu'ainsi qu'on peut savoir ce que veut l'Espagne et lui donner le pouvoir de faire ce qu'elle voudra. Disons-lui, en changeant un peu la sentence fameuse de Tacite : *Scire quæ sentias et quæ velis facere liceat.*

Voilà une note diplomatiqne d'un nouveau genre, mais un genre qui vaut bien l'ancien. Et si d'ailleurs les raisonnemens qu'elle contient, quoiqu'excellens, ne pouvaient pas convaincre ceux à qui ils seraient adressés, montrez-leur, à l'exemple du cardinal Ximenez, votre garde nationale et votre belle et brave armée, en perspective, les appuyant : prononcez le mot juillet, et dites que les peuples et les royautés populaires ont aussi leur dernière raison.

Français ! vous avez trop fait pour reculer, votre position est belle ; mais c'est en faisant bonne contenance que vous pourrez vous y maintenir: Prenez-garde à l'Espagne, elle est bien faible, mais elle est mal placée ; si elle restait ce qu'elle est, et que vous eussiez à soutenir une guerre au nord, elle pourrait vous être dangereuse, elle pourrait devenir un champ de bataille pour d'autres puissances plus fortes. C'était une belle conception de Napoléon que celle de s'assurer de l'Espagne ; il s'y prit mal, parce qu'il entendait mieux le pouvoir que la liberté, que voulant faire beaucoup pour le peuple, il ne voulait rien par lui, qu'il estimait bien les armées et méprisait trop les masses. Il aurait pu avoir les Espagnols par alliés, il en voulut faire des sujets et en fit des ennemis. Suivez en partie son principe, mais agissez autrement ; contribuez à ce qu'ils aient des lois comme les vôtres, cela vaut mieux encore qu'une union de dynastie, parce que cela crée des intérêts populaires mieux liés et plus permanens.

Français ! les Espagnols ne vous demandent pas d'aller verser votre sang pour leur rendre la liberté, mais ils vous demandent une protection qui puisse rétablir l'équilibre entre le parti que votre gouvernement a chassé du pouvoir et celui qui, aidé par lui, s'en est rendu maître. Ah! que nous puissions lutter avec des armes tant soit peu égales, et on verra quel est le parti, on ne dit pas le plus nombreux, mais le plus fort dans la Péninsule. Si quatre-vingt mille Français entraient en Espagne proclamant la liberté, et qu'ils y trouvassent une résistance telle que celle qu'on a opposée à Napoléon ; alors, on pourrait dire que le peuple espagnol n'est pas mûr pour la liberté, ne veut et ne mérite que le despotisme. Eh bien! nous ne voulons pas ces secours ; permettez-nous seulement de nous organiser pour nous mesurer avec nos oppresseurs, et vous verrez, peuple généreux, si, avant peu de temps, vous pourrez saluer les Espagnols du nom de frères.

Et si l'enthousiasme et l'amour de la patrie égarait l'auteur de ce faible appel ; qu'y aurait-il à craindre? L'Espagne ne sera jamais plus votre ennemie qu'elle ne l'est à présent.

Français ! en appelant à votre opinion des actes de votre gouvernement à l'égard des Espagnols, on vous invite à discuter un point dont l'importance mérite bien une discussion. Si l'opinion se prononçait contre les réfugiés ; eh bien !

ils s'y soumettraient ; si au contraire, le résultat de la discussion leur était favorable, l'opinion dirigerait la conduite du gouvernement, et ils en recevraient la protection qu'ils implorent. Alors, les vœux de celui qui s'adresse à vous seraient remplis. Ne faites pas attention à la manière dont il a plaidé sa cause et celle de sa patrie, mais pesez bien ses argumens. S'il s'est exprimé avec chaleur, c'est qu'il parle par conviction et est en même temps passionné. Que cela ne lui fasse pas tort, la passion qui souvent nous aveugle, nous rend quelquefois clairvoyans ; la passion pour une noble cause doit être un titre à votre estime, et l'auteur de cet appel s'enorgueillirait d'être estimé par vous. Mais il y a une chose qu'il ambitionne encore plus, et c'est d'être utile à sa patrie. Il pourrait obtenir ces deux objets de son ambition à la fois, et il lui serait permis de croire qu'il avait obtenu un troisième avantage, celui d'avoir rendu un service à la France et au genre humain.